AF276793

**VARASEK
EDICIONES**

POESÍA
VIAJES &
ROCK'N'ROLL

El mecanismo mudo

Marcelo Morales

WWW.VARASEKEDICIONES.ES

**VARASEK
EDICIONES
BUCCANEERS**

El mecanismo mudo
Marcelo Morales

© de la obra, Marcelo Morales

© de la foto del autor, Michel Pou

© de la presente edición y derechos en
castellano, Varasek Ediciones
C/Cava Baja, 24
28005 Madrid
www.varasekediciones.es

Dirección artística:
Beatriz Ruibal

Diseño de la colección:
Jaime Narváez

Maquetación:
Santamarina Diseñadores

1ª edición, Madrid, 2025
ISBN: 978-84-126955-9-5
D.L.: M-5434-2025

POESÍA

INDICE

Es, básicamente, el paso del tiempo.
Roberto Bolaño

El universo habla mejor que el hombre.
José Martí

The Swan

Hacer una revolución proletaria para producir hijos burgueses. Yo creía que el mundo era la expresión de algo, una polilla blanca la expresión de algo. El mundo, la expresión de algo.

Le daba vueltas a un café. Los amigos discutían; libertad de información, libertad de expresión y discurso. La Guardia Roja de Mao, *El Libro Rojo de Mao*.

La bandera americana ondeando en la embajada. Ahora había Coca-Colas, rodaban rojas por el suelo. La Guardia Roja de Mao. *El Libro Rojo de Mao*. La arpía roja del dios heterosexual.[1]

Yo pensaba: Al contacto del cristal el aire se condensa.

Se sabe la velocidad de la luz, pero no la de la oscuridad. Hacer una revolución proletaria para procrear hijos burgueses.

Le daba vueltas al café, el hueco de la aguja no es la puerta de los cielos. Ahora había Coca-Colas, rodaban rojas por el piso. La arpía roja del dios. El peso de la vida en una mariposa, una manada de búfalos corriendo en la pradera. El hueco de la aguja no es la puerta de los cielos.

***

[1] Allen Ginsberg. "The one eyed shrew of the heterosexual dollar".

Todo está dispuesto para el cambio, creo. La flor que crece en las grietas del muro, las algas que flotan en la pecera. Los muchachos buscan el Wifi en La Rampa. Tiempo atrás, estaba prohibido. Como los talibanes el cine. Se sientan en los quioscos buscando información, buscando el mundo. Tiro un Alka Seltzer en el vaso. Baja lento y en el fondo, revienta.

***

Realidad vintage. La peste del subsuelo sube, alcantarilla. Las estrellas flotando entre las barras. La tierra más hermosa. El ronroneo del motor en el timón. En El Prado, en un café, veo la luz atrapada en el cristal de las ventanas. En un tiempo en que no hay publicidad y no hay casi propaganda. Mojito, hielos en el vaso, punta de iceberg, agua verde.

Sobre la Antártida, de noche, las estrellas de la Cruz, la Cruz del Sur.

Hundo el hielo en el trago y el hielo flota, la hierba flota. Hundo el hielo entre la hierba y mi mente flota, la masa flota, amnesia colectiva, consciencia dirigida, el sueño del kibutz.

Belascoaín, cables rojos, tripas colgantes, churre. Buda se dio cuenta después, su camino era el del medio, NEP, antes de la iluminación está la batalla con Mara, la tentación en el desierto. Crisis de misiles. Octubre. ¡Habana, Socialismo o Muerte!.

Un martillo neumático. En la calle, salideros de agua, gritería, nata de humo, dióxido de carbono. Das Kapital, supremacía blanca, tiempo de trabajo socialmente necesario. In the arecas Paradise, in mojiros Paradise. In the fifties Paradise.

Hitler creía que hacer jabones con judíos era algo racional. Que el bloqueo era algo racional. Leningrado.

Después de la llegada del almirante, los arahuacos se tiraban de despeñaderos en masa. Saltaban al vacío y caían en las piedras. Antes de eso, morían de sífilis a los 25. La tierra más hermosa. Emulación socialista. In the arecas Paradise. In the fifties Paradise. American tourist, Obama's tourist.

Los he visto en el metro con sus cerebros searching for money, they want to see the jungle on you, they want you exotic. Un álamo creciendo en un balcón. They want to see the jungle on you. Una niña en un coche con ojos azules. They want you exotic. Geometría, la curva de su hombro es igual a la de la luna.

Hielo, agua que flota en el agua. In mojiros Paradise. In the arecas Paradise. La parte del cerebro donde está la nada. In the fifties Paradise, in the arecas Paradise, sentido no es igual a dirección. Cuando las piedras del derrumbe caen, el polvo se levanta.

***

Hoy vi que el agua en la ducha eran rayas blancas que bajaban, soles delgados. En el patio las luces caían entre las matas, soles redondos en el suelo, manchas. La experiencia mental que es dios, la experiencia mental que es la vida. Gotas de agua sobre una hoja, joyas.

La religión aparece cuando aparece el miedo. Ruido de tambores, mayoral.

Las gotas de rocío y el sudor de los perros rancheadores compartían la misma forma, in the cañas Paradise, in the cocos Paradise, in the sugar Paradise.

En la calle, nieve de poliespuma, la era del aceite de piedra. El cisne dentro del lago, dentro del cuadro. El kitsch.

En las curvas el pavimento se arruga. También sobre lo sólido actúa la fuerza. Las estrellas fugaces son estrellas que caen. Sobre la Antártida, recuerdo, de noche, las estrellas de la Cruz, la Cruz del Sur.

Dictadura del proletariado. Turistas en convertibles. In the recas Paradise, in the sugar Paradise, In the fifties Paradise, in the vintage Paradise.

***

Atahualpa, el hijo del sol, suplicó a Pizarro por su vida con tesoros. A Hirohito lo salvó MacArthur. Después de mirar la luz (En cada pupila un hongo). El descendiente del sol, la deidad, fue convertida en hombre. Murió como hombre en el año del muro y Tiananmen, l'etat c'est moi. Atahualpa, el hijo del sol. Suplicar yo por vida, tesoro. La Niña, La Pinta, La Santa María. La llegada del hombre blanco. Hatuey: ¿y el hombre blanco va al cielo? ¿Ustedes van al cielo?

***

Veo a Obama dentro de La Bestia repasando el discurso. *Viví en el monstruo.*[2]

Una mulata baldea su casa, agua sucia. El soplo caliente de la guerra fría, las luces del mundo libre, los valores de la clase obrera. En la calle, montoncitos apilados de basura. La sombra pudre, la humedad, repello. *Una revolución de los humildes, con los humildes, para los humildes*[3]. Una corona de moscas sobre un cartón mojado. La resaca de las olas contra el muro. La puerta de los cielos: "Una revolución de los humildes, con los humildes, para los humildes."

La expresión mental del poder. Aun cuando no pasa el viento, en la costa, los árboles se inclinan, aun cuando no pasa el viento. Leyes de gravitación, destino manifiesto, fruta madura, Enmienda Platt. En Prado yo vi al emperador dentro de La Bestia repasando el discurso.

---

[2] José Martí. "Viví en el Monstruo y le conozco las entrañas".
[3] Fidel Castro.

En la izquierda Paradise. In the rumba Paradise. In the vintage Paradise. In La Bestia Paradise.

***

En el VIP, frío, dos besos en la cara, nomenclatura, nuevos ricos. Velázquez y Narváez, Moctezuma. Namibia, tráfico, marfiles, el cisne y la SWAPO, el cisne y la UNITA, Sudáfrica-Apartheid, Causa No.1. Vodka, "Ley de comercio con el enemigo", Helms-Burton, Torricelli.

Una serpiente tatuada, un pedazo de hielo derritiéndose en la barra.

Aun cuando no pasa el viento, en la costa.

—I like your shirt, man.

En el VIP, celebrities, la idea de occidente, en el VIP, la idea de Las Indias.

—¡Y tú, empínate!

El chillido de las gomas en la calle, el impacto de una piedra contra el vidrio. La caída de una flor en el espacio.[4]

Ahora por Galiano Street. El flotar de gaviotas sobre el agua, arcabuces y armaduras.

— My friend Tabaco.

---

[4] *El cisne*, 1955, Roberto Branly. "El chirriar de frenos y ruedas en la calle, el impacto de una piedra contra el vidrio y la caída de una flor en el espacio".

—Míster, I play the drums in Tropicana.

Crucero. Americans tourists, Obama's tourists.

—Míster my tocar yo conga Tropicana.

En la bahía, capa de petróleo, latas chocando en el oleaje, pomos plásticos, convertible del 59. Poder e independencia. La aguja y el hueco. En el VIP, la idea de Las Indias, tatuaje de serpiente, en el VIP, la idea de la vida.

**

Un tipo escupe en la calle, molote, un manco vendedor de panes. Una gorda vestida de bandera americana.

—Voy a lustrar las botas a su mercé, voy a sacar la volanta, en la Demajagua tan a dá, la libertá a los escravo.

 En el VIP, la idea de El Dorado.

—Man I like your shirt, where'd you buy it?

Vodka, Caipiroska. Bloqueo, el cisne en un estanque. Agua estancada, el cisne en un estanque.

**

Enciendo el motor, resaca, el sol en los cristales de las casas, en los cristales de los carros, el sol en los cintillos, espejuelos oscuros, Atahualpa, el hijo del sol, Hirohito, peste a gasolina. La idea de que el cisne me repele.

Sentirte extraño dentro. En la mañana, gorriones sobre cables.

—D que va a empezar la molienda, que Bayamo ardió pa no ter manos.

Los nquisidores y Weyler; La Creciente, Valmaseda, la pica a de Batista.

—I ke your shirt man, where'd you buy it.

Cae goteando en mi mente, una nube de verano, in the suga Paradise, in the vintage Paradise, in my vida Paradise.

La idea de que el cisne me repele, la idea de: Yo les dejé mi ermoso cisne.[5]

***

En calle, acostumbrarme a la peste, acostumbrarme a las mo as. Hollejos de naranja, una hoja de lechuga. Pensar: La erza se mide en el momento de la debilidad. Pensar: La da parece real, el cisne, real. El viento en los cintillos de ls carros. Lleno el tanque, la punta de la bomba en el hue o. El cisne por el hueco de la aguja, gasolina, a dios lo que es de dios. Celebrities, Obama's tourists.

—M ter I play the drum in Tropicana.

Un revolución de los humildes, con los humildes, para los hu ildes. Bahía Cochinos, Girón. Al César lo que es del Cés r. A dios, lo que es de dios. En El Prado, Cuban Hipsters Armani, yumas desfilando, ruinas... The cuban ma-

---

[5] Cl rles Bukowsky. "Y me alejé como un idiota/ y les dejé mi herr so cisne".

rracas, the cuban mojirous. Un marino americano.[6] Mi debilidad es mi fuerza. En el restorán del puerto. En la rumba Paradise, in the vintage Paradise, en mi vida Paradise.

**

Camino en la ciudad destruida. He perdido un amor, ganado nada. Camino, en la ciudad destruida. He perdido. Manejo en la ciudad, perdido.

Carteles, política, propaganda, 10 millones, Zafra. Los Ocho Estudiantes, Moctezuma, Ayotzinapa. Va a llegar un tiempo en que todo va a haber ocurrido en el pasado. Va a llegar un tiempo. Para el asno la garra. La sangre de Caonao en Dos Ríos, demasiados inocentes, digo. *Y les dejé mi hermoso cisne. Recuerdo. Yo les dejé, mi hermoso, cisne.*

**

Pocos culpables. Acelero, Quinta Avenida, rotonda. Demasiados inocentes, bandera del 26, frenazos, chillido de gomas, pavimento. Policías, caballitos, la caravana del poder, los carros del poder, el carnaval. El nuevo líder. El contacto directo de la muerte, no del cuerpo, sino de algo. Una profundidad valiente, una cobarde. El amor y sus momentos. Morir dentro y fuera de la isla. Cambiar

---

[6] Nicolás Guillén. Un marino americano/ en el restorán del puerto/ me quiso dar con la mano/ pero allí se quedó muerto.

de deseo, de amor, de idea, cambiar. La felicidad superficial, la del amor. Destinado al deseo de este amor, al deseo de tu amor. Iluminarme.

Saco el pie del pedal, compresión de motor. Fidel, aniversario 90.

La soledad del cisne. La del pavorreal y sus círculos brillantes. La de los pavorreales, la de estos círculos brillantes.

Calor, 30 grados en la sombra. La soledad de la hoz sin martillo, la del martillo sin hoz. Quedarte con lo que queda cuando te lo han quitado todo. Medir tu fuerza en el momento de la debilidad. Pongo el pie en el acelerador. Amar al cisne salvaje. La Perla, El Caimán, La Llave. Odiar al cisne salvaje. La Perla, El Caimán, La Llave.

Rumba. Calabaza en una esquina, brujería, trapos rojos, quilos.

Segunda rotonda, Siboney.

—Taxi!

—Havana Vieja, how much?

El amor no se mata a golpes, el amor, te digo, decide solo cuándo muere. Y aún, el amor, en su momento más débil, con lo que queda se queda.

—This is ok?

—Yes.

Yo les dejé mi hermoso cisne.

Permanecer en el circo sin saber si eres tú el que tira los cuchillos, o el que frente a la tabla espera. Dibujar, con filo, ese contorno.

— Are u local? Cubanou?

Sol de frente, Atahualpa, el hijo del sol.

—Cubanou?

Moncada, dicen que los reventaron, que los tiraron de azoteas, que a uno le arrancaron los ojos. Que les hicieron cavar sus propias tumbas, que tiraron piedras a los gusanos, huevos, que les cayeron a todos a patadas. Éxodo, Mariel. Igualdad, independencia. El cisne y el poder, el cisne, el águila, el cisne y el estanque. Pato feo.

Y sé de un pesar profundo entre las penas sin nombre[7], la estupidez de los hombres.

Yo les dejé mi hermoso cisne. Realidad vintage, la peste del subsuelo sube. Yo te dejé, mi hermoso Cisne.

—Yep, cubano.

***

Una mujer con sandalias amarillas, otro cartel de El Comandante, aniversario 90.

---

[7] José Martí. "Yo sé de un pesar profundo/ entre las penas sin nombres:/ ¡la esclavitud de los hombres/ es la gran pena del mundo!"

On he road, palmas y cañaverales, playas. Política: *Dentro de la revolución todo, contra la revolución, ningún derecho*[8]. Ron blanco, moscas. Dentro de la vida todo, fuera de la vida, nada.

Podres tristes, los yumas y su concepto del loser, Mambo, Benny, Pérez Prado. Los yumas y su concepto del winner. Un cisne sin Europa, una mujer con cara de hombre. Flores de nylon, dientes blancos, amarillos. No publicidad, no etnias, no conflictos religiosos. Dicen que mi amor es ciego y no veo más que luz, el amor y su perfección, el amor y sus momentos perfectos. Atahualpa, el hijo del sol.

***

Igual que todo organismo, todo tiempo lleva su muerte adentro, todo imperio, dictadura. Los hijos del sol. Los hijos de los hijos. Camino, por mi tiempo, camino, calles, posters, frases, el gran líder, turistas mascando chicles. Lluvia, aguacero, agua corriendo, cascadas en cornisas. Cortina de hierro. Cartago, Roma, el rey Midas. Subdesarrollo, antidiversidad, dogma.

Entro al cuarto, salgo, prendo la radio, Hillary versus Trump, Raúl versus Obama. Me siento en el sofá. Abro el

---

[8] Fidel Castro. *Palabras a los intelectuales.*

refrigerador, me sirvo un vaso de agua. Pienso: Le dejaste la política a los idiotas, el país a los mediocres.

—Cubanou?

El cisne en río de pirañas, la sangre del cisne en agua de tiburones. Tu amor en agua de tiburones.

***

La violencia de la víctima. Luz de televisión, imagen congelada de fusiles, patrón de prueba, victoria antigua. La posibilidad utópica, mientras más pasa el tiempo más lejos podemos ver en el pasado. Mientras más pasa el tiempo, a mayor profundidad.

—Cu-ba-nou?

Ser lo que pudo ser. Poderes domésticos, la evasión del origen, la del ser. La isla y sus crepúsculos de oro. El socialismo y su crepúsculo de rosa. El fracaso de lo burgués, el triunfo de lo burgués, el sueño de El Dorado. Éxodo. El futuro delante, fantasmas.

En el parabrisas, reflejos verdes dentro de gotas, las luces intermitentes del semáforo.

En el malecón la nube rosada de dióxido, Cadillac rojo, turistas, ataque de pánico.

La ilusión del futuro. La de la tierra
de nadie.

The Star Spangled Brand

O say, does that star-spangled banner yet wave
O'er the land of the free
And the home of the brave?

Pero mi amor ha quedado pegado a
las rocas al mar y a las montañas.
Raúl Zurita

Cuando esto pasa, cuando esto pasa, es, como cuando todo se reúne. Las canciones de amor hablaban todas de ti. Y las nieves en los picos de Vermont. Y ten cuidado me dije, ten cuidado con tu amor. Y ten cuidado me dije, ten cuidado con el miedo. Cuando está cerca, cuando está cerca, es, como cuando todo se reúne. Yo, en la calle, en el pico de un amor, en el pico de un amor y en el país de las cosas. Fast food, slow food. Limusinas al lado de cementerios. Y ten cuidado, me dije. Cuando aparece, cuando esto pasa, es. Y ten cuidado, me dije, ten cuidado con el miedo.

***

Al anzuelo se llega a través de la carnada, la hoja ha tomado el color del lagarto.

La grasa en la comida hace que brillen los rostros de las gentes.

Habana, agua verde y fermentada. Barras de pan bajo los brazos.

Y las canciones de amor hablaban todas de ti, hablaban todas, tú,

no.

***

Un sándwich cubano en el aeropuerto de Miami.

En Chicago leí con un tipo que escribía cosas como:

Y yo le dije algo y and she said, oh yes! or hell no!

Tenía zapatos italianos o podía tenerlos y se movía como Malkovich y Jackson.

Y las canciones de amor hablaban todas, hablaban todas de t.

Y las nubes en los cielos de Vermont.

***

Permanecer en el amor como uno de esos tipos que se montan en los rodeos encima de un toro salvaje, o esas minas que tienes que detectar. Quitar las hojas arriba.

***

Me despierto, en una película coreana, un tipo le dice a una nipa:

—Señorita, creo que tiene un poco de algas en los dientes.

Rajo el nylon que envuelve al pollo, un pollo frío, congelado. Pongo mi mano ahí.

***

Dicen que Kid Chocolate, en el momento de morir, levantó el torso y puso sus manos sobre la cara. Como si esperara un golpe, un último golpe, el último knockout. Uno está solo cuando habla con dios.

Cuando hablo contigo, solo. Levanto el torso, los puños, delante de la cara.

***

Hoy crucé la bahía, vi estas películas: Youth, La grande belleza, Él está aquí.

Pensé: Lama sabactani. Fui al aeropuerto. Me empingué contigo. Te extrañé y me volví a empingar de nuevo. Miré el teléfono.

***

Hoy pensé en cosas simples como: pasar mi vida con ella. Complejas como: aprender el lenguaje de la ostra.

***

Me dije, es como estar hablando en el vacío, en una cueva sin eco. Leí al llorón de Michaux, y luego al llorón de Ciorán. Escribí en el teléfono: No pensar en cosas que no necesitan ser pensadas. Oí Van Van, *Este amor que se muere*. Me faltó el aire.

***

El mundo que era brillante afuera, oscurece.

***

Hoy pensé cosas trágicas como: Un gran amor con trascendencia modesta. Sentí cosas cursis como: Cuando me falta, cuando me falta, es, como cuando todo se disuelve. Entré a la cocina y salí. Estudié las posiciones de las plantas con la luz. Fui al estanquillo, compré *La Gaceta* donde destrozaron el poema. Recordé, la sombrilla de Chicago y la lluvia de Chicago y el viento que venía del.

***

Hoy, me enfermé, tomé antihistamínicos y dormí, con fiebre, dormí. Soñé con algo. Me levanté y escribí: "Algo de mí se va con ella cuando se aleja. Algo de mí se aleja." "El nadar de un salmón contra la corriente es absurdo, pero no es absurda su fuerza." "La fuerza de un amor es interna, la victoria de un amor, es interna." "Es fácil ser derrotado por la vida, por un amor derrotado." Busqué mensajes. Me sentí como esas matas que viven en los hospitales, debajo de luces frías.

***

Hoy, abrí el frasco del arroz y salieron volando dos polillas, fui a arreglar los frenos del carro, guardé un secreto, se me cayó un cuchillo entre dos muebles, manejé por el malecón. Vi estas películas: El espejo, Un amigo americano. Pensé, la sombra de tus ojos. Escribí un poema de amor, te escribí un poema de amor, escribí un poema.

***

Hoy, me dolió algo y el viento hizo un círculo de hojas frente al carro. Rompí, de torpeza, un plato de toda la vida. Dos rosas grises quedaron a cada lado. Se me apretó el pecho todo el día, me faltó el aire, todo el día.

Sitting on the dock of the bay
Otis Redding

Hoy amanecí buscando esa canción. Había en el muelle olor a algas. Olor a mar olor a. Amanecí oyendo esa canción. Había en el puerto olor a mar, olor a algas olor a. Crucé de nuevo la bahía. Te llamé. Te amo, dijiste. Perfume de cartomántica, todo el día, violetas. Vi, una lluvia de noche, una nube de noche. Pensé esto: lo oscuro de tus ojos, la sombra de tus ojos. Escuché de nuevo esa canción. Hoy, escuché de nuevo esa canción. Había en el puerto olor a mar, olor a algas olor a.

***

Ayer, volví a fumar, a pisar los espejuelos en la noche. Manejé entre las montañas. Viñales, ida y vuelta. Esquivé un perro a 120. Todo el día pensé: ¿Me ama? Maneja la frustración, me dije, maneja.

***

Hoy recordé el documental de Cobain, el poema de Cobain: *Nuestro amor dobla cucharas.*

Hice frijoles, ensalada. Pinté el piso del patio. Todo el tiempo recordé, el amor dobla cucharas.

***

Vi, en la pantalla de la computadora, el nacimiento de una estrella. Se mató ese poeta que conocías tú de niña. Cayó ahorcado y de rodillas. Caer de rodillas, ver, la manera en que explota una estrella. Caer de rodillas y ver, la manera en que nace una estrella. Hoy vi, en la pantalla de la computadora; el nacimiento de una estrella, hoy vi, el azul de aquella estrella. Pensé en esto: el foco del terror, el del delirio. Hoy vi, el azul de esa estrella, el azul de una estrella, en la pantalla.

***

Caminé por la ciudad; pensé en lo que es perder a un nivel atómico. Comí sushi. Miré los palillos de metal sobre uno de los rollos, lo asocié a cosas absurdas: el Big Bang, o el universo se expande, o esas cosas idiotas de las canciones de amor y me di cuenta de que eran ciertas. Sentí, el frío del wasabi en la nariz. Recordé otra noticia, otra noticia de estrellas, una estrella de oro, o que tenía oro (no es poesía). A millones de años luz. Compré un pasaje, caminé por la ciudad, me sentí solo.

***

Hoy, pensé esto: La máquina política donde se muele la carne. Diferendo Cuba-USA. La máquina de carne donde se muele mi amor. Capitalismo-Socialismo. Me acosté, miré la lámpara del techo. Sentí miedo.

***

Hoy te compraste un carro. Apareció un huracán. Una luna negra. Tembló, la tierra en Oriente.

***

Ayer tomé un avión. Vi un arcoíris redondo y luego uno doble entre las nubes. Comimos Tai. Llegué a tu casa, sentí tu amor, sentí el amor, sentí el placer, sentí, eso.

***

Ahora, bajé un video de Simic, cerré la laptop y Simic siguió leyendo por un rato. La gata se subió a la cama. Me acosté en el sofá mirando al techo. Es muy fuerte este amor, pensé. Y a veces, bello.

***

Hoy pasé la mañana en el cielo, vi, en el aeropuerto de Washington, el retiro de un avión.

Arcos de agua. "Dejaste el sweater en la casa", escribiste. Y luego, "Lo noto todo, mi amor."

"Estoy mareada." Llegué de nuevo a Vermont. Los árboles tenían hojas rojas esta vez, amarillas.

***

De vuelta, en otro avión, recordé aquella cosa que dijiste. *No le tengo miedo a los aviones, al final, uno nunca llega al suelo*. Y me pareció un pensamiento raro. Un par de aviones aparecieron en sentido contrario, se movían como balas. Debe ser un corredor, me dije. O esas cosas de la física. La velocidad de los demás, la de uno.

**

Hoy apareció tu ex, sentí frío en la palma de la mano. Recordé la noche en los bosques de Vermont. Mi cerebro mirando las estrellas, la masa de tejidos que conforman las galaxias. Brillo. La masa de neuronas que contempla el universo. Luego recordé una foto, Chernóbil es Pompeya. Sentí frío en la planta de los pies.

**

Abrí el Gmail y vi un cartel en español. "Mañana, día de elecciones. Averigua dónde votar". Hillary versus Trump. Traté de no pensar en eso. El gato se subió en el teclado de la computadora y sonó como un mensaje. Después de cargarlo. Miré su ojo y apareció una galaxia. Colores verdes y negros. Cuando escampó, salí a caminar. El semáforo de la esquina, en amarillo, luego en rojo. Volví a la casa, miré al gato. En otra vida quiero ser tú, le dije, lamerme las patas. Tener un ojo que contiene el universo. Meterme en la maleta del último que llegó de viaje. Una pupila que contrae el universo, debajo de colchas compradas en Ikea.

**

Hoy caminé por Coral Gables, vi una gallina muerta, una paloma muerta, un Mustang, una grúa. Make América Great Again! Carteles. Fregué un vaso azul y el chorro con el detergente hizo erupción. Tiré la puerta y Teo se despertó. Hay cosas que no se le hacen a un gato, me dijo, cortarle los huevos es una. La otra, portazos.

∗∗∗

Desperté en el mundo de Trump. Miré los zapatos en el suelo. Descubrí a un artista.[9]

Descubrí, el dolor en "democracia" recordé los rostros de anoche en el Café Versailles.

Recordé: ¡Está calle es de Fidel! ¡Esta calle es de Fidel! ¡Make América White Again! ¡Hillary, comunista! ¡iu es sei! iu es sei! Un corazón de espuma blanca en tu café cortado.

∗∗∗

Hoy leí este libro: *El color del verano* y luego, *La vida de los animales*. Murió Fidel.

∗∗∗

Hoy Obama quitó los pies secos, los mojados. Pensé en la gente perdida en el mar, perdidas en la selva. Rompí una cortina del cuarto, fui a buscar otra a Home Depot. Tomé el agua de tu casa, y por primera vez, no me supo rara

---

[9] Rudolf Stingel

I love you under the bridges.
Especially there"
"This love has cost you everything
morning comes again and again in you
because the morning love you like I do.
Elizabeth Clark Wessel[10]

Amanece de nuevo en América
y en los humers y en los remolques y en los cintillos
plateados de los carros,
y en las luces parpadeantes de neones
y en el collar de perlas que te regaló tu padre
y te pusiste en la boda y por tanto lloraste en matrimonio,
porque las perlas traen desgracia; o eso dicen.
Amanece, y empiezan las grúas a moverse
y siento, al correrla, la electricidad estática de la colcha
y el calor estático de la gata.
Y es de día en América
y en las noticias de CBS, acoso sexual,
and make America true again.
Y pongo el café.

---

[10] En Washington Elizabeth Clark Wessell me regaló su cuaderno *isin't that you wavin at you*, en el que aparece el poema "Morning". De vuelta a Miami, me gustaba tanto que lo leía cada día. El libro lo dejé en Miami cuando regresé a Cuba, un año después, tenía tantas ganas de leerlo que intenté reproducirlo de memoria, mientras lo hacía, mi vida se fue colando en el recuerdo. He aquí mi imitación de "Morning".

Y ese amor es una catástrofe en mi vida
y en la mente y en las oficinas de emigración
y en la soledad de los Walmart's y en la sección de cocina
de los Targets.
Amanece y ella es todo lo que tengo,
todo lo que tengo en el desierto.
Y en el tráfico detrás de las persianas,
y en el tráfico de calles encerradas,
y paramos y pone "gas" en el tanque.
Y la amo esperando los semáforos,
o especialmente ahí.
En un amor que me ha costado todo, que te ha costado
todo,
que se ve en la oscuridad o especialmente así.
América, este es mi amor por ti, más que nada, ella es mi
amor por ti.
Y la amo como me amo o más, mucho más,
"Mami", este es mi amor por ti.
Mi único amor por ti.

***

Atardece y amanece, una y otra vez, una y otra vez,
y la amo como me ama, quiero creer que ciego,
siempre.
Mira,
entra la luz, mira.

Estoy de nuevo en la cocina.

América, me despido de mi amor en la puerta.

Mira,

quiero verla cada mañana de mi vida irse hacia el trabajo.

América

son los días del amor.

***

Y es de día en América,

y en la campana del microwave que insiste en despertar a tus padres,

y en las ardillas nerviosas del jardín,

y en las mariposas nerviosas del jardín,

y en los latones de basura y en los carros rodando en la avenida.

Y soy el único que ama

el único que ama en el desierto

y en la lógica intrincada de los "moles"

y en las monedas de los carritos de Aldi

y en el Aldi,

y la amo con deseo o especialmente así.

Y la noche la cubre porque yo la cubro o es probable que por eso.

Y la amo,

como los pioneros al oro, como los Siux a las praderas,

y América la ama como yo la amo o a lo mejor por eso;
o a lo mejor por ello.
Y la amo
más que Cristo a los humanos.
América, ella es mi amor,
ella es mi amor
por ti.
"Mi ami", ella es mi amor por ti.
Va a durar más que el plástico, te digo.
Más que el plástico en los mares,
más que el plástico en la tierra.

Podría quedarme en New Orleans por siempre, pensé, sentado en el Café Du Monde.

Luego, filmando una banda de jazz, me arrebataron el teléfono.

En Frenchmen Street un poeta por encargo, le dijo a mi novia:

—That's an amazing Jacket.

Y luego a mí:

—That is an ok Jacket, I guess.

***

Miraba los tatuajes del barman, anclas y ese tipo de cosas, azules y rojas.

—I stayed here in Katrina, i have 400 weapons to care about. Where are you suppose to go like that? You can Google me, The New York Times!

Estaba todo medio oscuro.

La gente se movía sabiéndolo todo.

Segura de todo.

En el Misisipi el barco de turismo subía y bajaba, una respiración. Recordé a aquel enano que trabajaba en un galeón disfrazado de pirata. Había estudiado conmigo. Podías verlo con parche y cotorra junto a aquel bailarín que murió, dijeron que de tristeza, luego de un asalto donde quedó inválido. Llevaba siempre un turbante y las locas que lo deseaban, le decían Celeste Mendoza. No puedo recordar su nombre. En ese tiempo, la tierra estaba en otro espacio. Las estrellas se alineaban de otra forma. Aprendes de todos sin quererlo. Te enseñan a vivir, también, lo que es la muerte.

***

Enfoca tu mirada en la poesía y no en lo que la rodea. Cuando tocas un hilo tocas toda la tela de araña.

Los ancianos viven con poco futuro. Calles de NOLA en Mardi Gras. Un tipo cantaba como perdiendo su alma.

***

Creías que el amor bastaba. A esta edad son muchos los fantasmas. Olvidar como la amnesia, recordando sin embargo los idiomas. Todo lo perdido está. En ti, crece.

Lo que pudre estando vivo. Desde el presente eliges el pasado.

Como un pez de pecera que escapa y encuentra, que la única manera de vivir era en ese cuadrilátero minúsculo. De Times Square a Berger Line. Te dices, el pasado no es hacia atrás sino hacia adentro.

***

En los cayos leí: No puedes ahogar a una concha.

***

Los fantasmas del pasado tienen una cara viva y otra muerta. Un recuerdo vivo y otro muerto. Óxido que desprende el hierro. Sonido de ambulancia en las ciudades grandes.

***

De Marshalls a Target, pensamientos. Diferencia entre verdad y sabiduría.

El Minotauro y el ovillo, el laberinto y la salida. Lleno el carrito de cosas, cosas que vuelvo a dejar. Comprar la depresión. El laberinto sin salida.

***

Vender el alma. En la calle. Conos naranjas y blancos. Parqueo-soledad.

¿Qué estoy haciendo aquí?

***

Viví en el monstruo y le conozco las entrañas. CNN: Fidel Castro son takes his own life.

Cualquier día de estos va a nevar y en cuanto nieve. En el
cine las butacas en fila. Va a salir ese humo de la boca.
Como si estuvieras fumando. This is América, we have a
lot of stuff, and lots of guns and immigrants. And
occasional acts of kindness in the streets. This is América,
cualquier día de estos va a nevar y en cuanto nieve.

Ver fuego en la ceniza es un error. Calor en el carbón.
Para la serpiente no existe el horizonte. Aquí los cisnes son
de piedra o están pintados. La areca en el fondo del
cráneo. La Habana al Sur. Palmas sin contenido humano.
Con este sol, las cosas brillan. Arecas en el espacio. El
trópico en el fondo del cráneo.

La realidad habla, el universo. Esto es lo que siento, el
poder de dos estados en mi nuca. En Publix no ventanas
no relojes. Estantes altos. Lo más raro del laberinto es que
crees que el parqueo es la salida. Estas allí para el
Minotauro. Saco una lata de sopa, la vuelvo a dejar.

"Our thoughts an prayers" rá-tá-tá tá.. Bang Bang...
"Our thoughts an prayers" rá-tá-tá tá.. Bang Bang...

Enrique Guzman Karell

La eme amarilla de Mcdonald's; papas fritas en un cono.
Playas en pancartas, playas sin mar. Latas en los estantes.
Bang! Bang! Ratatatá! Bang! Bang! Our thoughts and
prayers. BBC: San Valentín;

Florida Shouting: at least 17 dead in high school attack.

"We're on code red, I'm fine, mom I'm so scared".

Our thoughts and prayers.

BANG! BANG! Ratatatá! Bang! Bang! Ratatatá! Bang!
Bang! Ratatatá!

Our thoughts and prayers; BANG! BANG!

Esta es mi visión: las luces frías de los espacios cerrados,
los focos de los carros después de la masacre. La noche en
los parqueos del mall; las estrellas en los parqueos del mall.

Esta es mi visión: carteles de Exit sobre un fondo rojo; un
nacimiento, una vida, una muerte. Un azul Pepsi; sangre
en los pasillos. *No texting, please, Kinda wanna live; kinda
wanna live, kinda wanna live; Our thoughts and prayers.*
Esta es mi visión: el laberinto, la bestia, the profit. La
soledad en los parqueos, la libertad detrás de un muro.

***

Esta es mi visión: The shotgun-killer afternoon, espacios abiertos, la soledad del dinero.

Un terror a lo viejo. Mi visión del resplandor: Las cruces en llamas del kkk. El resplandor del sueño en la tierra estrellada, el resplandor eléctrico de la tierra estrellada.

El laberinto y el ovillo, el Minotauro y la salida.

This is my visión:

El millón de huesos que descansa en el estrecho, comidos por tiburones, colonizados por corales.

El millón de huesos que descansa en la frontera, roídos por coyotes, colonizados por lagartos, mezclados con el polvo de la noche estrellada.

***

Our thoughts and prayers. Luz de televisor, arena eléctrica, un cielo eléctrico, nubes eléctricas, granos led. Un mundo nuevo, una juventud constante. El Minotauro come almas, el Minotauro come carne. The dream the dreamers.

The star-spangled brand. Yes we can. Maquillaje blanco muerte. Time is money.

Esto es lo que veo. Una realidad de atrezzo. Una beautiful life.

Mom I'm so scared. Our thoughts and prayers. Bang Bang, Ratatá; *our thoughts and prayers.*

***

En la tienda, el frío del hierro, AR-15, mass culture, complejo militar, violencia. El hongo atómico de la White Supremacy. Make América Great Again! in god we trust. National Riffle Association. Esta es mi visión: El resplandor del sueño en la tierra estrellada, el resplandor eléctrico de la tierra estrellada, el laberinto y el ovillo, el Minotauro y la salida. La bestia eléctrica de la noche estrellada.

Esta es mi visión, mi visión del cielo.

***

Una gasolinera en el desierto, campos de Mustangs, una forma del mar, una del cielo, the star spangled. La electricidad de los letreros, películas sin subtítulos, una hamburguesa de metros. Gente dormida en la velocidad. Un sol violeta entre rascacielos, deportación DACA. Un microondas, una aspiradora amarilla.

Esta es mi visión: El hilo entre el mall y la funeraria. Chevrolet´s dealers, gun control, *enough is enough*[11], *mom am so scared. Kinda wanne live. Kinda wanne live. Kinda wanne live.*

Greed, los sueños simples de la gente simple.

Esta es mi visión, mi visión del miedo.

---

[11] Casey Sherman

Baja[n] los vientos fríos del norte y salen los tulipanes que
para tu madre sembró tu padre. La Florida le dicen al
lugar, no sé si por las flores.

***

El futuro también es una forma del exilio. Todo emigrante
en el fondo de su alma quiere abrir la puerta de su casa y
ver con vida a sus fantasmas. Todo el que emigra se
pregunta: ¿qué estoy haciendo aquí? En el futuro, ¿qué
está haciendo aquí?

***

En el trolley por Ponce de León pienso en la eterna juventud.
Estoy perdiendo el tiempo. La eterna juventud de Ponce la
acabó una flecha de calusas. Todo es nuevo en Ponce de León.
Impecable en Coral Gables. La eterna juventud, la bestia. La
Florida le llaman, no sé si por las flores.

La manera en que llevo este amor hacia la nada. Hacia el miedo. Subidos al Palmetto le doy la mano y la amo, más que a nada, la amo. Estás llevando este amor hacia la nada. La nada que es afuera.

Mi cuerpo se separó de ti,
pero mi mente,
trota.
Mi mente corre hacia ti.

Un hogar es ese espacio en el que no has de pedir permiso. Un aire por el que no hay que pagar. Havana, depressed, frente a la lata del carro, depressed. En inglés, depressed. Recuerda: Your brain in Tuscaloosa. Turn right in west avenue. In a quarter mile, turn left. Down the Malecon. The star spangled. Ataque sónico, orejas Marco Rubio.

Hemos vivido en guerra. Camino por la ciudad. Has vivido en guerra. Una guerra silenciosa con su destrucción y con sus bajas. La guerra de los otros contra ellos. Los de ellos contra ti. Los de los otros contra ti. Has vivido en guerra. Te has quedado aquí, en el derrumbe.

Fregando las losas del baño pienso en la bestia. El cisne verde de múltiples cabezas.

La bestia detrás de los burós. La bestia de la aduana vestida de uniforme.

Periódico Granma:

Amistad, solidaridad y dignidad. Lo que une al pueblo cubano y al de RPDC.

Lunes, 5 de noviembre 2018.

La guerra, ¿cuándo va a acabar?

¿Y este amor, cuándo?

La foto de Díaz Canel en Corea.

Espero a alguien, turismo.

¿La guerra, cuándo va a acabar?

Paseando a Mis Daysi, Havana Vieja. ¿Esta guerra mi dios?

¿Did you like Havana? ¿Is the house ok? Esta guerra, mi dios.

Por Prado, Malecón hasta El Vedado.

La bestia detrás de las patrullas, detrás de los burós, detrás de las persianas.

El Minotauro de miles de cabezas, el cisne de cabezas, esta guerra, mi dios.

Nada está dispuesto para el cambio, la flor en las grietas del paraje.

No hay nada dispuesto a ningún cambio.

Las puertas del paraíso existen, el paraíso, no.

Aquel verano en Coral Gables, iba a una tienda de budas, encendía la televisión y veía las protestas en Virginia con los blancos vestidos de blanco y con capuchas.

Comíamos con los negros de Liberty City, vestidos de misa y ordenando en PF Chang, crispy honey shrimp, orange peel chicken, and fried rice, junto a los blancos de las familias blancas, al lado de Yolanditas y Lolitas y misters papi shoes. En tiempos de Donald Trump y de white supremacy y de verdades que se parecen a ellos.

Íbamos al café Versailles y tomábamos cafecitos junto a viejos subidos en snikers que imitaban
algo en medio de la nada.

Volvía a Labana y veía a los chulitos que vivían de sus pingas, debajo de pulovitos desmangaos y rastrojos de huracanes.

Paseábamos entre cajas de aguacates y policías y el sudor de las medias de encaje; en medio de verdades parecidas a nosotros y entre tipos revijíos y de tipas revijías que fumaban con hambre en la mirada y en medio de un calor; salido del infierno.

Aquel verano, de vuelta en la tienda de budas, me di cuenta que odiaba los vestidos de domingo y el PF Chang y la white supremacy y ese algo en el medio de una nada y los huracanes y el sudor de las medias de encaje, y el churre y los ulovitos estrechos y los pantaloncitos estrechos y odiaba a esa gente con hambre en la mirada y el sol en los sueños y la verdad fuera del cráneo y los cerebritos busca quilos y la verdad de los suburbios.

Aquel verano me decía: ahora que el camello pasó por el hueco de la aguja i know de heaven and i don't buy it. Aquel verano, luego de la tienda de budas yo sentía aquel amor, yo pensaba en el amor.

Ha estado lloviendo todo el día. Desde una Rolling Stone, Sting sonríe, junto a un libro con una foto de Castro. Las fotos han reído todo el tiempo. La lluvia ha lavado el patio. Una cortina de lluvia se hizo en la cornisa. No me acordaba ya de la de hierro.

***

Un pollo congelado en la meseta. Una tubería por donde pasa el agua. Un disco a punto de sonar. La muerte deja un hueco. Una tubería sin agua se oxida.

***

Entender el final es tan importante como reconocer el principio.

Ha stado lloviendo por días. Y por días has pensado en tu b sque de sequoias. Lloviendo en la ciudad que odias. Sob e un churre que odias. Sobre un país que odias. En la ca le el médico de familia le dice a una mujer que le debe la p ueba citológica. Tu escuela de niña está llena de niños y lo viejos pasan con sus capas del campo socialista. Ha esta o lloviendo en la ciudad que odias sobre un suelo que odia y has estado pensando en los dos atravesando el desi rto hacia ese bosque.

—M traes hacia atrás Marcelo, no me dejas avanzar.

Ha stado lloviendo sobre la vida que odias. Sobre una verd d que odias. En cuanto salga el sol, nos dicen, en cua to salga, va a empezar el derrumbe.

***

Co emos con tus amigos, tus amigos de la infancia. En algu n momento pienso:

Este es en verdad el bosque de sequoias. Cada uno tiene un entro, corteza, casi todos.

***

Las raíces de los bosques abajo se conectan. En la sup rficie se crece de adentro hacia fuera y hacia el cielo. Un nillo sobre otro. Años.

Latones desbordados de basura. Una bolsa bajando por una cuerda de un balcón, Habana, carretoneros en la calle. Down the Malecon the closed embassy. The star spangled banner ondeando a media asta. Ataque sónico. Grab´em by de pussy. Nada está dispuesto para el cambio. Las cenizas en la piedra. Todo es política, la marca de la malta, la presión del agua, la atmosfera es política. El amor. Grab´em by the pussy. *Una revolución de los humildes, con los humildes, para los humildes.*

Acelero; hay cosas que funcionan como lo hace la verdad. Los laberintos de lo real no tienen Minotauros: ratas blancas, la comida como recompensa. La ilusión de libertad: un laberinto, luego otro. Una bestia y después otra.

***

Leo: Juégate el corazón, el alma y tu destino, juégate el destino.

La felicidad es una actitud, pero también una capacidad. Manejar las frustraciones.

Las ermitas comen todo por dentro dejando intacta la fachada. A veces el amor se ahueca dejando intacta la fachada. La mente se miente a sí misma. Pero es difícil no hacerlo. La verdad cambia. Para la naturaleza no es importante la felicidad. Para la naturaleza lo importante es la supervivencia. La verdad cambia más rápido que la mentira. Pero la mentira también cambia.

Hermosa era la tarde, cuando entre los dealers de carros, hermosa la tarde y el sol de los parkings entre banderas de estrellas.

Yo amaba su mente en guerra y amaba su corazón en guerra.

Amé, su mediocridad.

La curva del malecón en el volante, mi mano en el volante.

The star spangled brand, la idea de un norte.

El pasado hace que el presente se resista a la verdad.

El miedo tiene poder de imaginar, al miedo le hace falta,
la imagen.

Los políticos y los magos sacan cartas de las mangas, una
tras otra,

con jos de los sombreros.

La libertad y la soledad van juntas.

La mano mata mejor que la mente.

La manera en que el poder maneja la verdad y maneja la
mentira.

La manera en que manejan tu vida.

Desde el presente, eliges el pasado.

Aceptas, la prepotencia de las circunstancias.

Tu mente está dentro del mundo, el mundo está adentro de la mente. Pero también afuera.

El sol atravesando las cortinas. El papel de plata. Me haces lo que el oxígeno a las galletas.

Te hago, lo que el oxígeno a las galletas.

Caminaba con un dolor que se movía adentro. En una cola de embajada leyendo una revista leí que en latín, kore, quiere decir niña, pupila. Un punto, una perturbación que se agranda con lo oscuro. La niña de mis ojos. El amor en la mente alterada.

***

Miraba las nubes como los surfeadores las olas. Un punto, una perturbación. Un agua al extremo que hierve o se congela, gas. Contraer en la luz. Expandir en lo oscuro.

***

Cerca de la plaza de Asís, vi que la pared del convento era una pared de corales, o al menos tenía miles incrustados. Recordé aquella foto que tenías en la sala. Tú de niña, en el campanario, mirando al frente. Me haces lo que el oxígeno a las galletas, te hago, lo que el oxígeno a las galletas.

Después del fin volví a caminar por Obispo.

Iba llorando.

Eché dinero en una alcancía a Fernando Pessoa.

Cuando lo hice, se movió.

Era otro, pero hacía de él.

Le pregunté si era Pessoa. Pero no habló.

Una bandada de turistas del Norwegian Sky seguían a un guía con pancarta.

Yo también lo seguí, mientras caminaba recordé aquel poema de Bukowski:

Ella no sabía quién pinga era ella cómo iba a saber quién era Dostoievski; o algo por el estilo.

El poema hablaba de una bibliotecaria a la que le pedía libros y él quería que ella se diera cuenta de su buen gusto; Li Po, Dostoievski, ese tipo de cosas.

Lo gracioso es que, por un instante, en medio del dolor, pensé que la estatua era Pessoa.

¿Tú eres Fernando Pessoa?

Ella no sabía quién pinga era ella cómo cojones iba a saber quién era Dostoievski.

Una calle con salida al mar y luego otra. Poner tus manos con los ojos cerrados en la pared y seguir. Estás adentro. Ladrillos comidos por la sal; la relación secreta de las cosas separadas. El valor que requiere ser cobarde. El sentido del laberinto no es el centro, es la salida. Los estados: los hijos de la mujer y el toro; el monstruo del sacrificio humano. Lo más fácil es perderse y es morir sin encontrar. Terminas confundiéndolo con tu mundo, con el universo y la vida. Ariadna en Miami Beach, en Palm Beach, en las ruinas circulares. Piensas tu amor en pasado. Es importante aprender a botar basura. Más importante aún no generarla.

Has vivido en el terror;
de la boca del cocodrilo al Minotauro y sin ovillo,
del Minotauro a la boca del cocodrilo.

Clordiazepóxido, Sertralina.
Paranoia; carro blanco; delirio de persecución.
Sentado entre locos agresivos.
Los laberintos del cerebro, los de la mente. Consciencia.
El laberinto es real, pero más real es la neurosis.

***

Cuerpo de guardia, psiquiatría, una mañana cualquiera.
Bancos de metal.
Un zunzún en los limones.
Un descenso de plomada a algo profundo.
La vida está en llamas, las flores son llamas, arden.

Hoy las mariposas invadieron Paysandú. Estaba en un café y aparecieron millones.

Escribiste que estabas con alguien. No entendí el significado.

Jinetes del apocalipsis; Messenger: Un ser maravilloso que me hace feliz. Un-ser- maravilloso-feliz.

Solo en una calle desierta. Frontera, Uruguay-Argentina. Las bocas que van a pronunciar tu nombre. Los chistes que te harán reír. Le digo, a los perros de la esquina. El amor actúa de este modo. No está nunca equivocado.

Pasé esa esquina en la frontera. Llevaba el pecho apretado. Recordé ese poema de Borges donde habla del amor. De cómo crecen paredes a su alrededor. Y no le sirve de nada haber vivido tanto o leído tanto. De nada le sirven las bibliotecas o el conocimiento; de nada sirve la experiencia. Lo cercan las hordas. No recuerdo bien el poema. Luego recordé el corazón de una ballena azul, el más grande del planeta y pensé escribirle esto a alguien, un poema quizá; un poema que empezara así:

Pero tú tenías el corazón de una ballena azul. Creo que en verdad hablaba de algo, de algo que había
en mí.

Hay cosas que se entienden solo desde la debilidad.
El límite del amor es otro amor.

Te destruyo como destruyo el reflejo de la luna.
Cuando el agua se aquieta, se recompone.
Mar, no aceptes a la luna. Lago, no aceptes a la luna.
Mente, no la aceptes.

> Este es mi corazón hinchándose con un sentimiento.
> Yilian Carrús

Este soy yo pensando tú también, Brutus. Esto, mi cerebro hinchándose con un sentimiento. Esta eres tú con un republicano. Esta es mi alma que arde. Esta es mi alma, que arde.

***

Olvidé un plato de miel en la cocina. Cientos de hormigas se ahogaron allí. Así y todo hacían fila. Así y todo iban de una en fondo hacia esa muerte.

***

Los pensamientos del dolor son como las hormigas de la cocina. No importa a cuántas extermines. Siempre vuelve la hilera. Una legión tras otra.

Caminar solo del teatro a la casa is ok. Ese amor que sientes ok, que te haya olvidado is ok, que no te odie ok. Que los amigos no llamen. Que hayas envejecido y de repente, todo parezca más joven, is ok.

Luchar contra el futuro is fine. La vacuidad resplandeciente is ok. Y el punto fosforescente ok. Hervir el agua ok. Amar sin ser amado.

El nuevo periodo especial ok. Pensar en ella is ok. Vivir en la derrota ok. Vivir en un dolor ok. No saber qué día es o qué época es, o qué vida es. Regar las matas ok. Montar bicicleta ok. Manejar por la ciudad. La turista de Texas is ok. Hacer de taxista ok.

Las arecas en las agencias de viaje are ok y las lágrimas de los peces ok. Ok la luz de los cocuyos. La Vía Láctea.

Los gatos ok y los perros ok. Ver películas de amor, emocionarse. Ser racional. Ser, el único culpable.

Que el hilo de Ariadna no destrenzara el sentido está bien. El océano en la noche bien, bien caminar por la playa. El hambre del Minotauro bien, bien el canto del cisne, la muerte del cisne.

La verdad revelada está bien y la verdad de la obra bien. Las células de la oruga bien. Que todo esté ok is ok y bien que todo bien.

Tirar arena contra el viento está bien y la vida contra el viento o bien. Que una lluvia de meteoritos caiga sobre tu cuerpo, sobre tu mente y tu alma está bien. Una lluvia de verdades.

Que no dure lo que el plástico en los mares bien. Que un camello no pueda pasar por el hueco de una aguja. Que el amor sea el reino. Y está bien que caigan una a una las vendas de tus ojos. Que puedas salir, al fin.

La plaga

Aquella tarde   cuando te volví a ver
fue como si me hubiesen golpeado la nuca.
Te sentía hablar en el pasado pero no escuchaba tu voz
y me decía
estás loco   estás
completamente loco.
Y vi
una babosa pudriéndose al sol   y
me vi en bicicleta hacia tu casa una tarde en que eras
niña
y vi los libreros de tu madre
y tu cuarto en casa de tu padre   la tatagua en el cristal
de la ventana.
Y todos los vientos del mundo sobre todas las hierbas del
mundo
y las olas de Miami.
Y escuché todos tus orgasmos
y escuché tu alegría y tu llanto.
Vi cosas que cayeron como gotas
y otras cosas que cayeron   sentí
la nariz mojada de los perros
la soledad cósmica de la vida en la tierra
una casa sacudida por un tren.
Y vi flores entre líneas
 una caja envuelta en un papel cartucho

y te vi bailando en zapatos verdes y rojos
apoyada en la mesa de Graziano y en la tienda de budas
mirando a la china.
Decir te amo antes del sueño.
Entré como una careta al agua, como una piedra en un
cristal, como el pasado.
Me vi
bajando escaleras en la casa de mis padres
sacar basura en Santillane   a   Teo
dar la voltereta   pensé   una
polvareda en Rabat   y vi
lobos corriendo por un bosque   y gatos comer en la
basura.
Estaba buscando el origen de una palabra que olvidé
trato de soñar contigo   de ver el rostro de mis hijos
pero no tenía ninguno.
Aquella tarde cuando te volví a ver, fue como si me hubiesen
dado en la nuca. Te veía hablar en el pasado pero no
escuchaba tu voz y me decía, estás loco, estás, completamente
loco

Abrí el refrigerador y eché agua en un vaso,
  me senté en la mesa de la sala.
Había escuchado   tu nombre.
Te llevé a un bosque y cavé hondo, muy hondo,
  y puse tierra sobre ti.   Luego escuchaba tu risa,
luego   escuchaba tu voz.
Decías   te amo   primero.
Cobarde
luego.

Los peces luego de miles de años todavía no conocen el
peligro del anzuelo.
La consciencia registra todo lo que va a olvidar.
Tu espíritu   también se deteriora.

Fear of seeing a police car pull into the drive.

Raymond Carver

A no volver a amar a que no me amen,
al teléfono, al timbre de la puerta.
A las malas noticias, al futuro,
a no volver a ver, a volver a ver,
a olvidar, a no olvidar. A las aduanas.
A una madre con Alzheimer, a un hermano loco.
A la Seguridad del Estado tocando en mi puerta.
A la muerte de mi padre,
a la policía tocando en mi puerta,
al Sida, a la COVID, a no tener hijos, a tenerlos.
A acostumbrarme a la soledad.
A una vida sin amor, a una vida sin amor, creo que ya dije
esto.

Hay vacíos que es mejor que no estén llenos.

Hay amores y gente a los que no importa cuánto des,
también piden tu vida.

Batallas que solo ocurren en tu mente.

La caverna de Platón.

Hac an una raya al lado, rasuraban los bordes con navajas,

una ábana sobre los hombros. Un banco marrón para la
[altura.

Eso stá en el tiempo a una distancia.

Alg ien ha echado una berenjena en la sartén, se puede
[oler la mantequilla.

Los migos discuten:

Dec eto 340, decreto 370, Ley Mordaza...

Est ya es una dictadura sin dictador...

Des tuyeron a Ulises Rosales del Toro de vicepresidente...

El b rbero echa talco en mi cuello luego del escalofrío de
[la navaja.

Me di una ducha, hice café.
Me senté en el balcón a esperar a una que habría amado
pero no me dejó.
Me quedé un rato ahí en la llovizna.
Cuando paró la llovizna pensé en los tsunamis
y en esa gente que había llegado a amar.
No pensé en nadie, pero sentí algo.
Como si pudiera romper un cristal
y entrar
en una casa
ajena.

No tenía nada que comer. Fui a buscar pan. En la pescadería, una mujer comentaba sobre la muerte del administrador. Le había dado un infarto. Esperaba una inspección del estado. Al horario en el cristal le faltaba el primer número. La tablilla de productos estaba vacía.

—Hay croquetas —me dijo la señora— y "mortadella".

En el agro compré albahaca, jengibre y lechuga. ¿Ajo? ¿Plátanos?

Recordé mi reflejo en el cristal de la pescadería. Era como
[estar afuera,
pero de la casa de un muerto.

Mientras subía las escaleras de edificio pensé que tener 27
[era igual a tener 42
solo que la vida pesaba
menos.

"los años son un fango en el que me hundo" había escrito
la noche anterior:
El suelo es más blando, pero peso menos. Estoy solo y es,
como si estuviera
afuera

de la casa

de un muerto.

Abrí los ojos de noche, estaba todo oscuro.
Esta es la soledad.
Por la mañana corté un pan viejo.
Unté mantequilla a un pedazo.
Si estuviera muerto no tendría recuerdos,
no estaría herido.
Si estuviera muerto, no tendría dolores.
Vi la curva de la piedra de amolar.
Luego
el cuchillo sin filo.

El amor puede hacer que te encuentres, puede hacer que
[te pierdas.
En la tv, un cirujano extrae un corazón y pone otro.
En la casa del vecino quitan el cristal de una ventana rota
[y ponen uno nuevo.
Creo que leí esto en algún lado, o no sé si lo escuché:
"El destino del cristal es romperse".

Es como cuando todo ha muerto y tienes que seguir, o simplemente cuando algo ha muerto.

Miré en la profundidad de la calle. Crisis de petróleo. Trump despide a Bolton. Recordé a mi padre llevándome de la mano a la escuela. Es mucho más joven que yo. Luego pensé en ella con el otro y en la otra sin mí. Todo vino un segundo a mi mente y se fue. No volví a pensar en nada.

Eché agua del filtro en un pomo. Cuando acabé, casi había oscurecido. Parecía haber pasado un siglo, estar a punto de salir la luna. Mientras el agua caía en el cristal tuve una revelación que no recuerdo. Algo cruzó de nuevo iluminando mi mente. Luego pensé en una entrevista que leí, un escritor decía algo así como que estar enamorado era estar en un cuerpo y que ese cuerpo esté en ti, estar en una mente y que esa mente esté en ti. Era algo como eso, pero más lindo, o quizá, más profundo. Salí al balcón a regar las matas. "Las flores compiten por la atención de los insectos", había escuchado en la radio. Nos perdimos cada uno en nuestras vidas, supongo.

El corazón produce pensamientos, pero las paredes son
                              [estrechas.
Ves cómo cambian de posición las sombras y es de noche.
No eres feliz, pero estás tranquilo.
El cielo oscuro brilla y es un lenguaje, o más bien
información.
Todo va a ser borrado, todo el presente reescrito.
Las estrellas son viejas, pero el lenguaje de hoy, de hoy la
                              [información.
El mundo se expresa.
Las paredes son estrechas, no existe nada que una a las
                              [consciencias.
Este mundo es de hoy, la información
de hoy.

Luego vi luces que parecieron estrellas.
My heart my fucking heart goes to places anyone wants to go.
Mi mano empieza a escribir las palabras de un amor
                                        [futuro.
Va a volver a ocurrir, volverá a pasar. Sólo que ahora queda
                                        [menos tiempo.

Esto que ha estado pasando
ha pasado como queriendo decir algo.
El amor que compartimos con alguien se estira
como la tela de un vestido.
Esto que ha estado pasando no es el tiempo.
En las ventanas limpio con un trapo los cristales.
Cuando lo meto en el agua, se enturbia.

Puedes escuchar lo que ha estado pasando en estos años.

Lo llevas dentro como una película que repiten.

Oyes los diálogos muertos.

Arrancas el carro y lo sientes.

Abres las ventanas y lo sientes.

Enciendes la cocina y lo sientes.

Subes las escaleras y lo sientes.

Hay siempre una dificultad

para olvidar

un amor.

Recordé que estabas en mi sueño.

Nos gritábamos algunas cosas de una habitación a la otra.

Ayúdame, te dije y hacía un gesto con las manos, un gesto
[que era de amor;

o no sé si el amor estaba en la voz.

De alguna manera en el sueño nos las arreglamos para
[llenar el espacio de concreto.

Estábamos cerca, sin poder llegar al otro nunca más.

El amor se petrifica, supongo que será el significado.

Luego soñé con un pez ciego, pero eso nunca lo entendí.

El humo del refrigerador al abrir la puerta.
Esos caminos donde no estaba y porque no estaba parecía
[no haber nada.
Esa soledad de alguien.
Perder donde único importa.
Caminar de frente a un futuro, de espaldas a un amor.

En lo que pasó hace un año como si hubiese pasado ahora.
En esas cosas que crecen en el cuerpo cuando uno se
[enamora. Esas cosas que brillan.
La nitidez del amor. No recuerdo la crueldad.
Son sombras, me digo, solo sombras, sombras de pared,
[sombras chinescas.

Como pizza en la mañana, de pie en la cocina. Hay un
[trozo que parece África.
Ella es un perro oscuro. Una sombra en la cabeza, solo
[sombra.

No tengo nada que decir. Nada que hacer. Pandemia. Colas para gasolina, vivo en el monstruo. No tengo nada que decir, nada que hacer. Nasobuco, no tocar el pasamanos. Ella es la verdad. Para ti. La verdad es ella. En la bodega, dependientes con guantes, gatos, churre.

—¿Tienen cloro? ¿Están cerrados?

Cuando alguien te amó y deja de hacerlo, tú no te enfrentas solo a la muerte de un amor.

—¿Cuántos casos?

El problema de fondo es deshacerse de esa nada. Pero ¿cómo te deshaces de ella? Si ese amor no muere, o si muere y resucita.

—4 hasta ayer.

Son solo sombras, me digo, sombras chinescas, saca tus ojos de ahí.

Puesto al fuego todo hierro es rojo, madera, ceniza, todo plástico derrite, puesto al fuego.

Pero de ella ¿cómo te deshaces?

No acabas de crecer y ya estás envejeciendo. Ella es la verdad. Para ti. La verdad es ella.

Paso la esponja con espuma por el filo del cuchillo. Recojo del fregadero restos de vegetales, algunos crujen. Pero de ella, ¿cómo te deshaces? Meto la mano izquierda en el chorro de agua, recorro el borde circular de un plato. Recuerdos como mosquitos al oído.

Y crece en mi cuerpo el mundo.

José Martí

Yo no siento como gira el mundo, como crece. Yo no siento como gira el mundo en mí, no siento. El problema de la libertad. El problema del miedo. Se podía ver el amor en mí. Todo el amor en mí. Eso, que cuando se transforma, se destruye.

"Barrios recién nacidos, sin memoria,
frescos, como dibujos técnicos"
Tomas Tranströmer

Virus en las tazas de café, en los botones de los ascensores, en los pasamanos. Miedo al sacar dinero del cajero, al echar gasolina. En el mercado el calor ha envuelto a las lechugas y las ha marchitado, son, las ropas tendidas de una ciudad evacuada. Las cosas que no dije se hincharon como un cadáver en el agua, como un cadáver en el agua se fueron flotando en la corriente.

Camino a lo largo de recuerdos, cada vez, los recuerdos son más cortos.

Pripiat. Te gusta la belleza accidental de las calles despobladas. El mundo como objeto.

Te mueves en el espacio como movías los palitos chinos. La realidad como un dibujo técnico.

Imágenes de crematorios en la tv. Enciendo la cocina, pongo ahí la cafetera, no importa cómo sostengas el fósforo, la llama es vertical. Sirvo el café, poco a poco, despejo la meseta. Recuerdos de hace cuatro años. Que tu mente viva en el ahora depende del placer.

Par_ médico: 16 muertos hoy. El salto que da el cuerpo cua_do te duermes y tu cerebro piensa que mueres. Un aire que _bre las puertas de noche. La luz de un instante de faro alu_bra y nos deja. Una mano que da vuelta a la palma. Tu culp_ blindada en el cráneo, murciélagos salen de una cueva. Ecu_dor, sarcófagos de cartón por la epidemia, camiones nev_as para muertos en los hospitales de New York.

Est_ eso a lo que llaman la vida y tu vida, aquello a lo que llam_n el amor y tu amor, aquello a lo que llaman muerte y tu _uerte.

En _ bañadera ayudo a salir a una salamandra, su corazón bor_ea, su miedo es igual al mío. Ha regenerado una col_. Como tantos mundos, coexistimos sin tocarnos. Afu_ra, el sonido de esos carros con bocinas. *Cumplan con las indicaciones sanitarias, permanezcan en casa.* 500_ casos a la fecha.

***

El v_rus, un mal sin intención de mal. El mal sin mal. El por_ue sí, el sin conciencia. En el chat los amigos hablan de _n tiempo en que el mal era casi siempre humano. Apa_atos represivos, bombas atómicas, ese tipo de cosas, un _al con intención; capitalismo-socialismo-Trump-eco_gía. Es el tiempo de las gotículas en el aire. Tocar esta col_ uede costarte la vida, la col que parece un cerebro, un cerebro que parece un laberinto. La corto con un cuchillo grande a la mitad. Ese sonido...

***

Tiras un palo mojado al perro y este, cuando lo trae, en realidad no quiere perderlo. Algo incapaz de convertirse. Una estatua que mira fijo a la lluvia. Un hombre en la peletería arrodillado frente a una niña. Todos de un lado a otro con nasobucos, un mundo de cirujanos frente a la puerta del quirófano.

Sobre la mesa, frijoles, uno distinto del otro, un paquete de sal envuelto en un periódico, las letras rojas de los titulares en camino de mezclarse en la basura: *En Chernóbil nuevos hongos se alimentan de la radiación, Delfines en los canales de Venecia.* Bajo las escaleras. Alguien tiende una sábana a lo lejos, es el ahora que se mueve, ondea, como un recuerdo que castiga. Te busco en el aire como un radar, sin emitir sonido.

Estaba metido en la bañadera, pero también en el brete de Aquiles y Agamenón disputándose a una tipa como a un trapo: "La de la blanca cintura." Luego Aquiles se ponía a lloriquear en la costa porque al final tuvo que cedérsela a Agamenón y llegaba su madre diosa a consolarlo, salía del mar hecha neblina y consolaba a "el de los pies ligeros". La gente comenzó a aplaudir a los médicos por todos lados, dejé el libro sobre una banqueta y yo también aplaudí. El brete de Aquiles y Agamenón había empezado tratando de aplacar la ira de Apolo convertida en peste. Los soldados caían enfermos. Cuando acabaron los aplausos empecé a escuchar una voz a lo lejos, una voz familiar. Un carro con bocinas recorría las calles reproduciendo un discurso de Fidel, una voz cada vez más cercana. *Médicos a lo oscuros rincones del planeta*. Reconocí el discurso. Era un discurso famoso; hablaba de los yanquis mandando tropas a oscuros rincones del planeta y de Cuba mandando tropas a oscuros rincones, pero de médicos. La voz se hizo cercana y se fue alejando entre las calles oscuras, cada vez más y más lejos. La voz de un muerto. Cuando volví al libro, Aquiles seguía lloriqueando y la diosa le decía que iba a hablar con Zeus para vengar la afrenta, pero tenía que esperar once días, Zeus andaba por Etiopía. Salí de la bañadera, pasé la toalla por el espejo y se volvió a empañar. Luego pensé: debe de haber estado bien buena la de la blanca cintura.

Llegando a casa recuerdo esas grúas que vi antes de entrar al túnel; sin vida y buscando una metáfora. *No hay nada más tangible que el presente*; las grúas giran con mi mismo desconcierto.

Las cortinas se mueven en la puerta del balcón. A ratos parecen las capas al viento de dos súper héroes que se han echado a volar. Enciendo el teléfono y hago scroll sobre las noticias. "I can`t breath", protestas en Minneapolis. "Black lives matter", arrestos a ilegalidades en La Habana. Dejo el teléfono sobre la madera de la mesa. Pensamientos llegan y se van; cosas como: *El presente nunca te engañó.* Y luego, mi desamparo y el de las boyas de mar en la bahía... de vez en cuando una luz. Como la mente, se hunden, emergen.

A veces lo que amas es tu más grande enemigo. Esas cosas trazan surcos en la mente. Después de Troya, lo que primero toca es dar tumbos.

A Ulises lo reconoció su perro. Me pregunto si tu gato podría... No has estado tejiendo y destejiendo nada. Tampoco me has estado esperando, no hay nada que pueda parecerse a Telémaco. Hemos estado en medio de una guerra. Pero no hemos peleado más
que entre nosotros.

A Oscar

Hac años fui con este amigo a Boloña a leer poesía en
fest ales. A veces se giraba y me decía: ¡*Marcelo, esas son
cosa de Dios!* Como diciendo que había cosas que estaban
dest nadas a ser, cosas bellas y sagradas. Con el tiempo me
que é pensando en esa frase y luego se formó en mí esta
otra las cosas de Dios pueden parecer inoportunas,
pare :er inadecuadas.

Fuimos a desayunar al balcón. Me puse a pensar en cosas que producen luz. Cosas químicas como esas medusas en los mares o las sustancias en los ojos de las luciérnagas. O en cosas más técnicas como el filamento de un bombillo y luego pensé en el Sol como un bombillo atómico, no sé por qué pensé en el Sol de esa forma ridícula. Vi la luz suave del cielo detrás de su cabeza, toda la luz del bombillo atómico que damos por sentada y que parece estar ahí porque el mundo es así, pero en verdad es frío y es oscuro... campos electromagnéticos, una estrella reaccionando. Reía y me hacía reír. Éramos como uno de esos compuestos químicos. Entre los dos reaccionábamos y éramos como una medusa, como un sol, como esas cosas. Reaccionábamos.

A Nadie, a Ulises, o, a Rafael Alcides Pérez

Fui a la costa acabando la pandemia y tuve como un pensamiento Walcott. Parece que es la ola lo que rompe, pero lo que rompe es el mar. Habían puesto un documental sobre su vida, el tipo ahí sentado mirando el crepúsculo con su montón de ser, con su visión griega del Caribe, con su amistad con Brodsky. Parecía un dios sentado en el Olimpo o un Joyce, o un millonario frente a una pantalla de cine, o un gato adentro de una caja o… ¿Cíclope, preguntas por mi ilustre nombre? Mi nombre es Nadie.

Mi playa era un fantasma del mundo socialista, un lugar en ruinas, con taquillas y baños llenos de grafiti y propaganda… facilities le dicen los americanos a estas cosas, facilities.

¿Virgilio, tú preguntas por mi nombre? Mi nombre es Nadie.

Me senté ahí en el dienteperro… no he conocido nunca a ningún griego.

"A Nadie me lo zamparé yo el último, después de sus compañeros y a todos los otros antes."

En el horizonte, la nube de polvo del Sahara, llena de bichos y bacterias.

Tu nombre Ulises, Odiseo, tu nombre Walcott, tu nombre Nadie. Tu nombre local abandonado, tu nombre polvo cuando el viento pasó, cuerpo cuando pasó el amor, tu nombre reloj en una casa de empeño, tu nombre interior cerrado de un estuche, tu nombre cuenta regresiva, tu nombre abrecartas en una gaveta de caoba, tu nombre agua antes de que el sol la toque.

Alcides, ¿tú preguntas por tu nombre? mi nombre es Nadie.

En arena había un agua mala, Jellyfish, le dicen en in-
glés pez de gelatina. Recordé un poema de Tranströmer[12]
don e escribe del sentido que tienen las frases que gara-
bate en su libreta dormido. Cuando amanece pierden el
sign ficado, porque hay cosas que como las aguas malas
sólo tienen sentido en su elemento. Fuera, las palabras
era como medusas en la arena...

—M rcelo, pínchala. ¿No será más bien un alga?

Mie tras tocaba al pez de gelatina con un palo recordé
hab r vivido algo similar, un viejo amor, en otro país, en
otr playa.

Aq l amor a diferencia del poema irradió significado más
allá e su elemento.

Por ás que lo quiera negar, paso mi vida a través de la
poe a, me explico el mundo de ese modo.

Am res que llevas siempre adentro como si estuvieran
imp esos, como un ADN, como agua en el pez de gelatina.

---

[12] (. Si se las saca del agua pierden completamente su forma, como
cuan o se arranca del silencio una verdad indescriptible (...)
(...) veces uno se despierta en la noche y garabatea rápido unas
palal as en el papel que más a mano tiene (...) las palabras irradian
sign icado! Pero por la mañana esas mismas palabras ya no dicen
nada

Tomas Tranströmer

Cosas sin las cuales la vida no habría tenido sentido, cosas poco sólidas pero fuertes.

—Pínchala, me dijo, ¿no será un alga?

—Parece una membrana. El resto es aire, solo aire.

Le dicen a un enfermo: Estás bien, estás bien, y sin embargo está muriendo. Recojo los restos de desayuno sobre la coffee table. Un libro con título *Bright*, otro de Sally Man. Ayer tuve una idea manejando, algo sobre el amor, la felicidad y el vacío; pero no así de aburrida o trillada, algo realmente nuevo. Algo que se destapa por primera vez en años. Cráteres que se abren en Siberia con el calentamiento global. El hielo desaparece y aparecen huesos, pieles, metano, permafrost. Saqué un cuerpo gris de una lata de sardina, leí los versos de un amigo, versos malos. Versos tipo: *si la poesía no te salva en la vida, no esperes salvación.*

Tu vida entera está detrás. Hay un momento en que no te replicas bien y empieza la vejez. De madrugada abro los ojos. El teléfono inalámbrico descargado intenta comunicarse. Emite un sonido…

Abro la puerta del patio. Sobre la lavadora, la vieja resistencia eléctrica del calentador Ocean.

La vida no parece extraordinaria sólo porque es.

El océano, de noche en movimiento.

Una bomba que no explota. Una bomba imaginaria, una presión real.

Es, básicamente, creo, el paso del tiempo. Es, básicamente,
[creo,
la rotación
de la tierra.

Sillas rojas de plástico roto. La luz desteñida de la tv, el polvo debajo de la cama, el carro adentro del garaje, una moto tapada con una sábana, la polilla ciega en la cortina. Todo está bien. Como un lenguaje perfecto, el mecanismo mudo.

El corazón late. Estamos rodeados. Brigadas de respuesta y policías. Han cortado la luz. Frente al Ministerio de Cultura, los muchachos cantan. En la tarde y en el mismo lugar leían poesía. Algo anda mal cuando lo poético se vuelve subversivo. El poder tiene su frialdad. Eso lo sabemos los más viejos. Las caras se alumbran con los teléfonos, un mar de luces. La poesía, ¿quién dijo que era inocua? Angustia. Debe ser esta la belleza lateral. Vas hasta donde te deja el miedo.

***

Ella es inocente, la niña es inocente. Afuera la política, huelga de hambre, represión, artistaje y disidencia. La danza del ego. La niña es inocente, debe permanecer así. Un zunzún cruzó rápido la sala. La niña es inocente, no conoce el susto. Debe permanecer así.

***

Los militares en la calle hacen el silencio, ahora se visten de negro. En la televisión hablan de un golpe blando, del imperialismo y la CIA, sabotajes financiados por Miami, la vieja maquinaria. *Dentro de la revolución todo, contra la revolución nada.*

Frente al ministerio leían a Vallejo, cantaban a Silvio y Santiago, cantaban a Serrat.

Hay cosas que tienes que entender; por ejemplo, el centro
es minúsculo en relación a todo lo demás; por ejemplo, la
belleza es lateral cuando la fealdad es centro.

La paranoia corriendo por mi sistema nervioso. El policía de la esquina por mi sistema. Abro la tapa de la basura. Echo adentro la bolsa. La poesía es un error.

Pue es ver el pasado en el presente sin telescopio. La lucha sier pre fue contra el futuro, contra el vacío y la nada. Tu poe a es error.

Dicen que la paz no tiene precio, pero la paz cuesta. Hay momentos en la vida, en que, o te paras y miras de frente a tu miedo o corres hasta que escapas o te atacan por la espalda, a veces escapas de lo que temes, pero escapar de tu miedo, eso es más difícil.

Frente al primer monstruo bajas la cabeza, ese monstruo es tu miedo. El otro pertenece a ellos, si no bajas la cabeza frente al tuyo, es probable que no lo hagas frente al otro. En el laberinto, el primer Minotauro es tuyo.

Nudillos tocando a la puerta. Frío en las plantas de los pies, frío en las palmas de las manos. Número privado en la pantalla del celular.

Donde hay miedo no hay verdad, donde hay miedo no hay raciocinio. *El sueño de la razón produce monstruos.*

Más que pensamientos optimistas debes tener pensamientos objetivos y de ser posible, inteligentes.

Te encomiendas en la noche a lo desconocido. El susto entra, como Tony Manero a la pista de baile.

A veces el arte te pone frente a un riesgo, a veces es el riesgo quien te pone frente al arte.

Ahí están las moscas frotándose las patas. Tienen ojos complejos. Van de latón en latón, de un trozo de carne a otro. No conocen gobierno. Saben mantenerse vivas. Los carniceros ponen bolsas de agua para asustarlas. El mito es este: se asustan de su reflejo agrandado.

De niño, me sentaba en la azotea y veía las ventanas abiertas de los vecinos. Algunas llenas de vida, otras, ciegas a lo lejos. Como la boca de Casandra, dentro de ella se escupía. Decía siempre la verdad, pero imposible creer en una verdad futura. Labana es todavía vulgar y vetusta. Un juguete para adultos. Puedes recordar las viejas cosas. Hablar en sueños con fantasmas. Tú eres su más allá.

Ha ido cambiando y ha cambiado tanto que parece otra vida.

Venimos todos de enterrar cosas, algunas muertas, otras vivas.

Tod ha crecido alrededor. Llovió y los matorrales nos han
vue o a cercar. Ya no saldrá de la jungla un león o un
búf o o un indio o un cowboy o un dragón de mil cabezas.
Son matas hoy, solo matas. Hace mil años, te alcanzó la
real dad.

Oh, tardes de invierno,
en las que madre me llevaba de la mano a un cine oscuro
donde ya había comenzado la película—
Charles Simic

En el barrio había un cine con nombre de playa: Acapulco. Fui con mis padres la primera vez. En la oscuridad, un fraile arrastraba un cofre en la arena, en ese tiempo éramos tres. Jugábamos con soldados del ejército rojo, plástico de la URSS, uno tenía una bandera, dentro del plástico ondeaba la hoz y el martillo, o hacía como. Los otros tenían cascos y fusiles. En un pasillo de edificio, detrás de la casa grande, vivían dos viejas en dos cuartos estrechos, una era la madre de la otra. La más vieja, vivía postrada, una colcha verde, se llamaba Blanca y tenía el pelo blanco y olía siempre a perfume de jabón. Al lado vivía un policía, acercaba la llama de un fósforo a su piel, no sentía el dolor, era el padrastro de alguien. En el barrio había un cine con nombre de playa, fui con mis amigos la segunda vez. Compramos salvavidas naranjas con sabor a naranja. Cuando falló el sonido la gente comenzó a silbar. El fraile miraba hacia adentro de la sala. Olas grises, se arrastraban en la arena.

Fui ese sitio de mi infancia, las casas seguían siendo gran-
des ero se habían encogido, el país de maravillas. Recordé
ese undo de gigantes y de viejos hablando allá en lo alto,
ese undo de perdedores, el abuelo gemelo de mi abuela
traí la leche y olía a vacas y a establos, tenía los ojos claros
y er flaco y era alto y medio tonto, creo. Habían tenido
din o alguna vez, *antes del comunismo*, decía. Le habían
cam iado el dinero por la paz, un mundo de siesta. El
her ano de mi otra abuela, era un socialista naive, tenía
los edos amarillos y una cajetilla perenne en el bolsillo,
no porque siempre llegaban a las cocinas de las casas.
Per edores en un mundo caluroso y gigante, un mundo
llen de sol, lleno de luz y de brillo. El que olía siempre a
vaca o a caballo, quedó ciego siendo yo un adolescente,
por a su mano huesuda en mi hombro para caminar hasta
la s a. El otro, el obrero, olía siempre a nicotina. Fui a
ese tio de mi infancia. La rotación de la tierra había sa-
cud lo el polvo en los objetos, los huracanes habían cam-
biac la forma de las tejas. Habían pasado cosas, entradas
a la ocina, conversaciones, murmullos. Los fantasmas de
este iempo estaban, en aquel tiempo, vivos.

Frente al cristal del bar un tipo dijo: va a llover.

El amor en el mundo es cosa rara.

Nubes negras empezaron a formarse.

Un poeta chino escribió:

Una vez que te enamoras entiendes el poder del amor[13]

Después de la lluvia, los baches de la calle son espejos.

Una vez que te asustas entiendes el poder del miedo.

Un conejo bajo tierra, un animal con la política adentro,

[un conejo en un hueco.

---

[13] Una vez enamorado, uno aprende el poder del amor.

Hai Zi

Casi todo el mundo tiene un gran amor que no vivió. No vas a ser feliz con las cosas que te han hecho infeliz. La idea del peligro hace que casi todo parezca imposible. El amor no es ciego, el amor ve. La falsedad tiene detalles, verdades profundas.

Mi padre daba clases de psicología en la Facultad de Medicina. Una tarde fui con un colega de él a anatomía patológica. Debe de haber sido en 1990. Un patólogo joven tenía un cerebro en sus manos, un lado de la bata estaba manchado con semillas de tomate. "Veinticinco años", dijo. Era una cosa olorosa y gris, una col hervida. El otro lado de la bata estaba limpio. "Veinticinco años". Cerebros desde adentro que observaban a otro afuera. Cogió el cerebro con sus dos manos y lo metió en un frasco de formol. Flotó por un segundo en esa viscosidad y se hundió hasta el fondo. Mi idea del alma, el ser entero retrocedió hacia la carne. "Veinticinco años".

Rea rieron el café de la Plaza Vieja. Me quedé ahí, un libr sobre la mesa. ¿Qué fui yo a aprender contigo en esas playas? Sé lo que fui a sentir, pero no creo haber apr idido nada. Recordé ese cuento japonés sobre un chef que abía sacar la carne a un besugo vivo... lo descarnaba en s gundos y lo volvía a poner en la pecera, por un tiempo veía nadar a un esqueleto.

Corríamos en el jardín de su casa alrededor de un rosal,
 tendríamos 5 o 6 años, yo odiaba todavía a las niñas.
A lo mejor de grande se casan. Me dijo mi mamá.
¿Te acuerdas de mí?
Nos encontramos en una fiesta y nos fuimos juntos.
Tenía tetas disparejas y un trauma con un amante que era
[mayor.
Se puso de espaldas sobre mí e intentó convencerme de
[metérsela sin preservativo.
Estuve a punto, pero el miedo al SIDA era profundo.
Ni siquiera está viva, pensé. Hace años murió de cáncer en
[la India.
Trajeron sus cenizas a la isla y las echaron en la costa.
El mecanismo es mudo, pero tú, no.
¿Te acuerdas de mí?
Hace años, murió de cáncer en la India.

Todas esas cosas hacen que no parezca amor. Es difícil cuando lo tuyo es lo poético y lo de ellos el poder. Ellos saben lo que pudre el alma, ellos saben lo que hace el miedo.

La que barre el patio me mira como a un edificio destruido, como a una casa de muñecas.

Hay pocas cosas en tu alma, un poco de alcohol podría ponerte en el centro. O una tipa que se venga mucho, una tipa viniéndose todo el tiempo. En estos meses, ¿quién no ha llorado por alguien? Cuando enfermas te das cuenta, una cosa es hablar de la peste y otra tenerla adentro. Acaricias a un gato y levanta la cola. Mantenerse joven es no temer a empezar.

Es más o menos así: vas domando la tristeza, año tras año. Aprendes, como una de esas polillas que se quedan quietas por semanas, tataguas las llaman en los campos. Nos rodea la vida y la muerte a la vida. Hay cosas que no entendemos nunca o comprendemos tarde. De vez en cuando sentimos un escalofrío, se erizan los pelos de la nuca. La cara de quien amaste perdió poder. No te duele su alegría. Ya estás en paz con todo lo que ha sido.

A Alejandra

La niña quería entender la poesía
"crece la hierba donde la flor estuvo".
Yo quería que entendiera porque así yo veo el mundo.
Para ella es más lógico que una muñeca abra los ojos por
[la noche.
Que una muñeca tenga hijos es la lógica para ella.
Ha tratado de explicarme, pero yo tampoco entiendo bien.
Le pregunto:
¿Cómo puedo ser padre yo de un pullover hecho muñeco
[con tus manos?
¡Claro que es tu hijo! No entiendes nada.
¡Te busca en la cama porque no quiere dormir solo!
¡Porque no quiere caerse!
Para ella es muy normal que una muñeca abra los ojos en
[la noche.

Una semilla descubre agua y baja la raíz,
como buscando un recuerdo.
La cabeza está llena de cosas que no fueron,
la vida no.

***

Hay amores que uno mete en caja fuerte, amores que
                                        [entierra.
Basta un perfume. La caja de pandora, y aunque no veas,
                                        [sientes.
Uno de esos silencios de leer los labios.
Extraño como un ajolote. Anacrónico, como un
                        [ornitorrinco de libro.

Están bajando los casos de COVID,
me dijo esa mujer en la cola para comprar pollo,
luego señalando a los árboles de la calle Paseo:
Son cotorras, se escapan de las jaulas y andan por ahí,
hay más cotorras en Labana que en toda Cuba...
Las cotorras tenían formado algo allá arriba
una discusión doméstica, una conversación política.
Pronto vas a cumplir 45, tu corazón envejece, pero ama.
La plaga se apoderó de todo, menos de eso.

Una bala en la cabeza no duele, le dije una noche a un amigo. El cerebro no tiene nervios, por eso pueden operarlo sin anestesia. La bala pasa destruyendo el todo sin dolor. Los nervios son cosas del cuerpo, mecanismos del cerebro para percibir el peligro. Algo en ti se enciende, un recuerdo, la definición de una verdad. La belleza accidental es sentido. El mecanismo mudo es esencialmente poético. Esencialmente intraducible.